AF143632

# Combien coûte Dieu ?

*Dans ce monde où tout coûte et tout s'achète*

Annick IMBOU

## Pourquoi un titre si éloquent ?

L'intitulé peut choquer, mais je n'ai pas trouvé une autre manière de présenter les choses. Provocateur, je l'admets, cela peut blesser les âmes sensibles, mais je vous prie de poursuivre la lecture et vous comprendrez pourquoi ce choix. Je vous invite donc à faire ce voyage, à travers cette histoire que je raconte. Les mots traduisent un message ; c'est un langage qui peut éveiller notre conscience. Tout peut se vendre, tout peut s'acheter ; c'est une idée partagée par la plupart des personnes. Il y a certainement des exceptions à la règle, dira-t-on. La santé[1], la vie ou disons l'air que l'on respire, en font partie. Alors, tout ne peut pas être évalué monétairement, même si les hommes d'affaires et les financiers disent le contraire. Aussi, il faut dire que le monde et en particulier les acteurs économiques ont été formatés, de sorte à croire que tout coûte et donc tout s'achète. En d'autres termes, il faut avoir de quoi payer ou échanger, si on veut posséder ou acquérir un bien ou

---

[1] La santé ne s'achète pas, c'est un trésor qui n'a pas de prix, à préserver soigneusement, car si tu la perds, tu ne pourras plus la retrouver. Rosa Nait Ousmane.

1

un service. Cette façon de penser vient de ce que nous avons entendu, vu et expérimenté. En fait, on achète presque tout : l'accès au cinéma, sa baguette chez le boulanger du quartier, son ticket de bus ou de métro, sa nourriture, sa robe de mariage, ses soins médicaux, son hospitalisation, son appartement ou sa maison, son terrain, sa voiture, son vélo, ses vêtements, son ordinateur, ses frais de scolarité, ses fournitures scolaires ou de bureaux, ses vacances au soleil, son cercueil ou ses obsèques, etc. La liste est exhaustive. On se rend compte, que d'une manière générale, on achète presque tout avec l'argent. Emile Zola[2] a déclaré ceci : « *L'argent est le fumier dans lequel pousse l'humanité de demain. Le terreau nécessaire aux grands travaux qui facilitent l'existence* ». Dans n'importe quel continent, pays, ou ville, que vous soyez, l'argent dicte les règles de vie et les relations dans nos sociétés. Jean Racine[3] dit : « *Point d'argent, point de Suisse* ». L'argent fait vivre les nations[4]. Aussi, sans argent, il est impossible de vivre dans ce monde ou d'habiter sur la planète terre. Il faut tout faire pour en posséder ; certains vont

---

[2] Emile Zola (1840-1902)

[3] Jean Racine (1939-1699)

[4] La monnaie est dans l'Etat ce que le sang est dans le corps humain : sans l'un, on ne saurait vivre ; sans l'autre, on ne saurait agir.

2

jusqu'à sacrifier leur vie pourvu qu'ils aient l'argent pour acheter des biens et services. Cependant, Guy De Rothschild[5] pense que : « *Gagner de l'argent n'oblige personne à salir son honneur ou sa conscience* ». L'argent fait vivre et permet d'acheter ce que l'on veut sur les marchés. Le monde de la consommation dans lequel nous vivons, nous a démontré qu'on ne peut pas s'en passer de l'argent. Tout coûte, tout s'achète, même les choses les plus insignifiantes. C'est ainsi qu'au fil des générations, nous sommes formatés à cette "culture de l'argent" et du "tout coûte" versus "tout s'achète". Venez acheter avec ce que vous avez. L'argent ou les autres moyens d'échanges[6] telle que monnaie, existe sous des formes différentes. Les pièces ou les billets de banque et tout autre moyen de paiement. La monnaie permet d'obtenir des biens et services. Joseph A Schumpeter[7] dit : « *La monnaie se présente au premier abord comme un bon permettant d'obtenir des quantités de biens quelconques ou, si l'on veut, comme un pouvoir général d'achat* ». La monnaie procure à celui qui la

---

[5] Guy De Rothschild ((1909-2007)

[6] La monnaie est la vie du commerce, l'esprit vital des échanges ; comme le fumier, elle n'est bonne à rien si ce n'est à être répandue (Francis Bacon)

[7] Joseph A Schumpeter, 1911 : Théorie de l'évolution économique.

possède un pouvoir d'achat. Mais il y a aussi ceux qui vendent des objets ou se vendent eux-mêmes pour avoir en retour de l'argent, afin de pouvoir acheter tout ce qui se vend sur le marché concurrentiel. Toutefois, tout est permis, mais tout n'est pas utile. Car s'il faut vendre son honneur au prix de quelques billets de banque, ce n'est pas louable. Il est difficile de redonner son image quand celle-ci est liée à un passé sombre. Par exemple, des personnes qui ont un passé attaché à l'escroquerie, il est difficile qu'on leur fasse confiance, même si elles avouent leurs erreurs. Il faut dire que toute cette façon de penser est enregistrée dans un dossier à l'intérieur de chaque homme. Un message du genre : "Tout coûte et tout s'achète avec de l'argent". Il est enregistré dans l'un des classeurs de notre dossier intérieur. Ce dossier est constitué des renseignements que nous avons rangé dans les classeurs de notre esprit. Alors chaque fois, notre esprit va chercher dans ce dossier, pour faire face aux différentes situations auxquelles nous sommes confrontés. C'est pourquoi, certaines personnes paient même pour obtenir une promotion ou un diplôme. Tout peut s'acheter avec de l'argent. C'est comme cela que la plupart d'entre nous, avons été formaté ou programmé. C'est une façon prédéterminée à obtenir tout ce que nous voulons. Certains, comme je le dis, obtiennent ce qu'ils veulent, au moyen de l'argent, et d'autres à travers des services rendus. Voilà pourquoi, il y a des personnes qui achètent l'amitié, l'affection ou l'honneur, par le biais d'un service ou de l'argent. J'écris ce livre parce que je suis moi-même victime de ce syndrome qui affecte les hommes de notre époque et de notre planète. Il faut souligner que ces victimes feront à leur tour que d'autres victimes collatérales. C'est ainsi que va le monde. Des victimes qui engendrent d'autres victimes. Car le pommier ne peut que produire des pommes et non pas des fraises. C'est ce que nous sommes en train de voir s'enraciner dans les mentalités et dans nos sociétés. Ce syndrome n'épargne personne, tous concernés, tous victimes. Le pauvres ou le riche, tous sont logés à la même enseigne[8]. L'argent est le seul point d'ancrage qui met tout le monde d'accord. Autant le pauvre que le riche, tous font face au pouvoir de l'argent et du marché. Achetez avec de l'argent, même votre voyage sur la planète Mars. Là encore ça peut se comprendre parce que l'homme n'a pas été placé sur Mars, mais sur la Terre. Ce sont ces propres désirs qui l'amènent à sortir de sa sphère pour en explorer d'autres et ça coûte. Même si on veut satisfaire un besoin ou un désir, tout coûte. Entre autre, cela peut vous coûter

---

[8] Quand il s'agit d'argent, tout le monde est de la même religion : Voltaire, lettre à Madame d'Epinal.

en temps ou en énergie. Chaque jour, il y a des factures à payer, heureusement que nous n'avons jamais reçu celle du souffle de vie ou de l'air que nous respirons. Si c'était le cas, même Bill Gates, Aliko Dangote, Elon Musk, Jeffrey Bezos, Larry Ellison, Warren Buffet, Mark Zuckerberg et tous les milliardaires n'auront pas suffisamment, malgré leur fortune, de quoi payer cette facture. Supposons que si les pauvres meurent à la première seconde et dix secondes plus tard, ce sera au tour des riches de faire leur révérence. Alors, il faut avouer que tous autant que nous sommes, nous quitterons la terre sans payer ce genre de facture. A travers cet ouvrage, je fais part d'un vécu expliquant mon rapport à l'argent, et qui tire sa source des renseignements que j'ai reçu depuis ma jeunesse. Loin de moi la prétention de détenir la vérité absolue sur ces choses que je vais partager avec vous. Ces idées n'engagent que moi. Car comme Georges Picard a su le dire : Écrire oblige à choisir parmi des amas d'idées initialement vagues, celles qui trouveront leur densité dans les limites de la syntaxe et du style. Comme l'ont pensé maintes sociétés de tradition orale, l'écriture piège celui qui s'en sert-qui s'enserre justement, dans une formulation dont il doit ensuite répondre, ne serait-ce qu'à l'égard de lui-même. Ce livre n'est qu'une œuvre parmi tant d'autres. Vous pouvez faire ce voyage avec moi ou encore vous jugez de vous arrêter ici. Sachez que lorsqu'un voyageur prend un ticket coûtant, il est souvent mentionné l'heure de départ et l'heure d'arrivée. Mais également, la ville ou le pays de départ et ensuite la destination finale. Alors, je vous prie de poursuivre la lecture et nous allons arriver ensemble dans quelques pages, à notre destination. Aussi, par ces écrits, je souhaite donc partager cette expérience. Car comme déclare Paul Arden : Partagez tout ce que vous savez, vous apprendrez plus. Enfin Junior Pérets dit qu'une bonne idée peut changer le cours de notre vie et celle des autres si on sait la capter et un livre peut renseigner et faire évoluer quelqu'un. Il nous apporte dit-il un certain nombre d'informations. Le but est d'aider plusieurs à réussir ou les empêcher de tomber dans les erreurs similaires.

# I

## *L'enfance ou la période d'insouciance*

La plupart des mères chantent souvent la berceuse à leurs enfants, pour les endormir. Elles gardent un œil éveillé sur eux, comme si elles ont peur de les perdre. Le berceau ou le lit est confortable, même si on ne peut pas l'exprimer avec les mots. Mais je suis convaincue qu'elles font tout pour mettre leurs enfants dans de bonnes conditions. Malgré la pauvreté, une mère couve son enfant avec ce qu'elle peut avoir entre ses mains. Certaines vont jusqu'à utiliser leur étoffe ou pagne pour le faire pour protéger cet enfant contre le froid ou contre les moustiques, comme c'est le cas dans certains pays tropicaux. Elles se privent de sommeil pour veiller sur leurs enfants. Des journées qu'on ne peut pas évaluer en argent. Cependant, elles le font pour un jusqu'à huit enfants, selon la composition de la famille. Elles sont nées pour donner vie, mais aussi pour la protéger. Les mères s'engagent dès l'instant où elles apprennent qu'un fœtus se développe à l'intérieur d'elles. Du ventre à la maternité, elles veillent sur celui qui, neuf mois plus tard va pousser un cri en signe de salutation. C'est la première salutation. Ce bout de chou comme elles aiment les appeler, arrive en poussant un cri, comme s'il voulait dire que vous m'avez dérangé et sorti de mon cocon, alors que j'y étais super bien. On peut imaginer, ce scénario dans lequel, l'enfant se demande : C'est quoi ce monde qui m'entoure et toutes ces personnes qui me prennent dans les bras ? Où suis-je ? Au secours, je suis en danger. Et c'est là que les sages-femmes, les premières à poser leurs mains sur lui, le rassurent, en disant : C'est un nouveau cocon à ciel ouvert, avec des personnes tout autour. Car dans le ventre où il était, il a certainement entendu leurs voix, mais maintenant il peut les voir. La mère vient ensuite avec ses mains rassurantes, et sa voix qu'il a toujours entendue, souhaiter la bienvenue à son enfant. Câlins et autres expressions d'amour viennent se poser sur lui, comme de la rosée qui tombe du ciel. Une autre étape de la vie commence dans ce cocon à ciel ouvert. Dans les bras de la mère, l'enfant est comblé. On quitte la maternité pour rentrer à la maison. Il découvre son nouveau lieu de vie et tous ceux qui y habitent. Au petit soin, l'enfant grandit jour après jour. Son quotidien est rythmé entre la ration alimentaire, le repos et les moments d'échanges avec les personnes de son environnement. Sans soucis, car il est entre les mains de ses parents qui s'occupent de tout. Ils font tout pour que ce dernier ait de quoi manger, et poursuivre sa croissance. Une période d'insouciance où l'enfant ne se pose pas de question sur combien coûte ma nourriture, mes vêtements, mes couches, mes draps, etc. Il est au centre de toutes les attentions. Ce qu'on attend de lui, c'est juste le voir nous sourire. C'est tout ça qui remplit de joie et fait oublier à la mère, ces journées à rallonge. La purée de pomme de terre accompagnée de la viande est préparée, pour lui donner les nutriments dont il a besoin pour grandir. Toute sorte de nourriture faite avec amour en respectant les valeurs nutritionnelles, assure la croissance de l'enfant. Ça coûte aux parents, mais cela reste encore caché à ses yeux. Il ignore totalement comment fonctionne ce nouveau monde dans lequel il a atterri. Ces règles de jeu lui sont cachées jusqu'à un âge donné. Il faut souligner que ce sont les meilleurs moments de la vie, réservés à tout homme. Il arrive que certains parents fassent un retour dans l'enfance, quand la balance de la vie penche du mauvais côté. Ils se remémorent les temps où eux aussi étaient pris en charge par leurs parents. Quand l'enfant grandit, certains parents commencent à employer ce langage : Un jour, tu deviendras mère ou père et tu auras à assurer les mêmes responsabilités. Mais pour l'instant, tous ces messages restent codés. L'enfant n'a pas conscience de ces choses, il ne comprend rien. Il demande et veut même avoir presque tout et n'importe quoi qui lui plaît. Il veut tous les jouets ; vous n'avez qu'à le constater pendant la période des fêtes de fin d'années, à Noël par exemple. Des parents se retrouvent avec des listes interminables voire sur plusieurs pages, des demandes de jouets. Il vous dit : Je veux ça, cette voiture télécommandée que j'ai vu dans ce catalogue. Il va jusqu'à garder le catalogue pour ne pas oublier son choix. C'est l'enfance, une période où on veut tout et on ne sait pas combien ça coûte. Un jour, un fils a fait une liste de ce que sa mère lui devait pour les services qu'il lui avait rendus. Il a fait sa liste en mentionnant les dates et les heures associées à chaque service rendu. Il a déposé la liste sur la table et il espérait que sa mère lui verserait une somme d'argent. En tombant sur cette liste, sa mère était étonnée de la réaction de son fils. Elle a pris à son tour, une feuille et a commencé à parler des premiers malaises qu'elle avait ressentis dès les premiers mois de grossesse. Ensuite, les douleurs, les nuits blanches, les nausées. Elle a aussi évoqué les douleurs d'enfantement ; la césarienne qu'elle avait dû subir pour donner naissance à ce fils. Une blessure dont la douleur fait toujours autant mal, lorsqu'elle porte des objets trop lourds. Les nuits blanches après la maternité ; son travail qu'elle a dû interrompre pour prendre soin de lui. En termes de coût, elle avait perdu un salaire équivalent à environ 1600 euros mensuel, multiplier par le nombre d'années depuis la naissance jusqu'à cette date. Tout ce qu'elle dépense pour le nourrir, l'habiller, et autre ; elle n'a pas su comment les chiffrer. Son téléphone qu'elle venait de lui acheter, les nouvelles paires de chaussures, sa console de jeux, et tout ce qu'il avait dans sa chambre. Les repas qu'elle prépare tous les jours, etc. La liste est longue. Certains éléments n'ont pas été mentionné, et évalué. Alors le jeune s'approche de sa mère, tout confus et fond en larmes, il s'excuse en disant qu'il était désolé d'avoir agi de la sorte. Il ne s'imaginait pas le poids que portait sa mère et qu'elle gardait au fond de son cœur. A cet âge, un enfant ne comprend pas ce que les parents font comme sacrifices et ce à quoi ils sont confrontés au quotidien. Il est nourri à la cuillère et ignore même le coût de celle-ci. L'enfant n'a pas besoin de naître dans une famille royale, pour avoir le titre de prince ou de roi. Tout homme en naissant porte ce titre dans le ventre de sa mère et jusqu'à un certain âge de sa vie. Un enfant du fait des traitements qu'il reçoit à sa naissance, est comme un roi ou un prince. Prendre soin du roi avant que ce dernier ne vole de ces propres ailes, c'est ce que font toutes les mères. L'enfant vit dans un monde sans soucis jusqu'à ce que les temps marqués arrivent enfin.

## II

*Ici ça coûte…*

Echange direct de biens sans intervention de monnaie désigné sous le nom de système économique primitif, le troc, a laissé la place au système économique monétaire. Nos sociétés sont des sociétés marchandes. Adam Smith[9] dit que : chaque homme subsiste d'échanges et devient une espèce de marchand, et la société elle-même est proprement une société commerçante. La loi de l'offre et de la demande gouverne nos sociétés. Pour permettre les échanges des biens et services, les hommes échangent un bien contre un autre bien ; un service contre un autre service. Le troc a longtemps fonctionné et fonctionne encore dans les économies simples, comme dans les villages. Un paysan fait le troc avec un forgeron, le tailleur, l'épicier ou le médecin. Cependant pour que le troc ait lieu, il fallait donc une double coïncidence entre les besoins respectifs. Un individu doit donc posséder ce que l'autre désire, et vice versa. Si Thomas possède des CD et veut des DVD et si Steve possède des DVD et

---

[9] Adam Smith, 17776 : Recherche sur la nature et les causes de la richesse des nations.

souhaite avoir des CD, alors le troc augmentera la satisfaction de l'un et de l'autre. Cependant si Steve ne veut pas des CD, alors le troc que souhaite Thomas pour ses DVD nécessitera qu'au moins l'un d'entre eux recherche des personnes possédant d'autres biens et ayant des préférences différentes pour instaurer un échange multilatéral. Pour pallier à tout cela, on a introduit la monnaie. La monnaie a permis de simplifier considérablement l'échange multilatéral. Les échanges des biens et services sont maintenant possibles au moyen de la monnaie dont on dispose pour acheter tout ce dont on a besoin. La première fonction de la monnaie était donc de faciliter le commerce c'est-à-dire les échanges bénéficiant aux personnes concernées. Ainsi un hôtel particulier dans un quartier, un vélo ou un dîner dans un grand restaurant, ont en commun de coûter un certain prix en monnaie. Nous sommes dans un monde où on se mire à travers un miroir appelé coût et monnaie. Ce que vous voulez avoir, s'obtient à un coût dont la valeur est fixée en monnaie ou en argent. Partout, le message est : Combien ça coûte ? Même si ce n'est pas mentionné à l'entrée de l'établissement, vous savez d'avance que pour entrer ici, il faut payer ou pour repartir avec un produit, il vous faut l'acheter avec un moyen de paiement. La devise est : Payez et vous serez servi. C'est comme ça que nos sociétés fonctionnent. Ce message est enregistré dans notre dossier dès que nous atteignons un certain âge. L'enfant que nous étions hier, sait maintenant qu'on ne peut pas partir avec un paquet de gâteau sans l'avoir payé, même si l'entrée au supermarché est gratuite, accessible à tous. Toutefois sur les produits, on affiche les prix, tel que l'on peut lire par exemple : 10€ sur une chemise, 25€ sur une veste, etc. Si vous voulez un article, rassurez-vous de disposer la somme exigée dans votre portemonnaie. Il faut savoir que c'est une décision d'achat qui vous engage en tant que consommateur. Les jeux, l'adhésion au sport, la cantine, l'ordinateur, l'entrée à la piscine, au cinéma, au théâtre, la consommation dans un bistrot, restaurant, etc., tout ce dont on a besoin coûte en monnaie. Notre dossier a été formaté de sorte qu'il faut de l'argent pour avoir telle ou telle autre chose. Nous sommes prêts à tout acquérir avec de l'argent. Dans certaines nations, les enseignants, élèves ou étudiants sont quelques fois trempés dans un système de corruption. On vend le passage en classe supérieure, à ceux qui ne veulent pas, fournir d'effort pour réussir aux examens. C'est malheureusement le cas, l'argent sert même dans ce genre de situation. On paie pour une promotion ou une embauche. Il faut dire que dans notre programme intérieur, se trouve un dossier. Il est constitué des renseignements que nous avons rangé dans les classeurs de notre esprit. Alors chaque fois, notre esprit va chercher dans ce dossier des renseignements, pour faire face aux différentes situations auxquelles nous sommes confrontés. Alors, d'où proviennent ces renseignements ? Je veux mieux l'exprimer en disant : Comment cet enfant qui était dans une période d'insouciance, se retrouve à penser que tout coûte et tout s'achète avec de l'argent ? En effet, ils proviennent de notre programmation passée, comme le dit T. Harv Eker. Notre conditionnement passé détermine chaque pensée qui surgit dans notre esprit. Harv le désigne par l'esprit conditionné. Comment cet enfant insouciant a pu être conditionné ? Nous sommes conditionnés de trois manières principales dans chaque sphère de la vie :

- La programmation verbale : Qu'avons-nous entendu lorsque nous étions jeunes ?

- L'exemple reçu : Qu'avons-nous vu lorsque nous étions jeunes ?

- Les incidences spécifiques : Qu'avons-nous vécu lorsque nous étions jeunes ?

Ces trois dimensions nous permettent de comprendre ce qui se passe réellement en nous pendant que nous grandissons. Premièrement, nous avons entendu des choses du genre tout peut s'acheter avec de l'argent. William Shakespeare dit : « *Quand l'argent précède, toutes les portes s'ouvrent* ». Tout ce que nous avons entendu au sujet de ce que l'argent pouvait faire quand nous étions jeunes, reste dans notre subconscient, inscrit dans le plan qui dirige notre vie. Le conditionnement verbal comme l'atteste Harv est extrêmement puissant. C'est pourquoi, certains sont enrôlés dans la corruption très jeune, à cause de ce qu'ils ont toujours entendu. Ils peuvent acheter des notes, l'admission à un concours ou autre. On peut donc tout obtenir en échange de quelque chose. Pendant que certains se privent de sommeil pour travailler, d'autres savent que l'argent peut parler à leur place et les faire entrer même dans la cour du roi. Ils sont sans soucis et dorment tranquillement, en attendant que le jour se lève pour exécuter leur plan machiavélique. C'est comme cela que le monde fonctionne. Ils ont été programmé pour tout acheter ou tout obtenir au moyen de l'argent. Ces personnes agissent en fonction de ce que leurs pensées leur dictent. Car nos pensées déterminent nos décisions et nos décisions déterminent nos actions, qui en viendront à déterminer nos résultats. La Bible dit à ce sujet que l'homme est comme les pensées de son âme[10]. L'état de notre vie ou nos actions reflète l'état de nos pensées. Si ces jeunes agissent de la sorte, c'est parce que leurs pensées le sont aussi. Dans les Saintes écritures, il nous est recommandé de ne pas nous laisser modeler par le monde, mais plutôt se laisser transformer par le renouvellement de notre pensée pour discerner la volonté de Dieu ; ce qui est bon, ce qui plaît, ce qui est parfait[11]. L'homme est modelé par ce qu'il a entendu ou entend quotidiennement. Connaissant ces choses, la Bible nous met en garde contre les effets que peut avoir le monde sur notre manière de pensée. C'est malheureusement ce que nous vivons, car le monde a façonné notre système de pensée. Nous pouvons dégager quatre éléments clés qui conduisent vers le changement :

➢ Prendre conscience de l'influence que le monde a exercée sur notre pensée dès notre jeunesse. C'est un pas vers le changement.

---

[10] Proverbes 23 :7 a
[11] Romains 12 :2

➢ Comprendre l'origine des pensées qui nous gouvernent. Elles proviennent de l'extérieur de nous c'est-à-dire du monde.

➢ Se séparer de ce mode de pensée où tout s'achète avec de l'argent, pour discerner la volonté de Dieu et nous y soumettre.

➢ Accepter le renouvellement de notre pensée par la prière et la parole de Dieu. Notre pensée doit être renouvelée et cela est possible au moyen de la prière et de la parole de Dieu. C'est de cette manière que nous pourrons reconditionner notre être intérieur sur ce que Dieu dit au sujet de l'argent et son usage.

La deuxième influence, c'est l'exemple. Comment nos parents se comportaient ou les gens autour de nous lorsque nous grandissons ? Quel était leur rapport à l'argent ou tout autre chose et ce qu'il pouvait obtenir en échange avec ça ? Telle mère, telle fille, déclare Dieu dans le livre d'Ezéchiel au chapitre seize. Les parents corrompus même sans le vouloir vraiment vont inévitablement entrainer leurs enfants dans ce genre de vie. Qu'est-ce que vos parents ont acheté avec l'argent ? Certains ont acheté le silence, afin qu'on ne les dénonce pas ou mette à nu leurs mauvaises actes. Ils ont offert des pots de vin pour gagner des procès ou des jugements de justice. L'argent était utilisé pour payer les services, d'une prostituée ou pour empêcher un enfant victime d'abus sexuel, de parler de ce qu'il subissait. L'argent a acheté l'honneur de plusieurs personnes. Il a par ailleurs, permis à certains d'obtenir une promotion imméritée au détriment de ceux qui le méritaient vraiment. Notre milieu de vie n'a pas été un bon exemple pour nous ; nous avons appris à tout acheter ou tout acquérir avec ou pour de l'argent. Ils nous ont enseigné ou inculqué les mauvais usages de l'argent. Au point d'acheter des choses tel que l'amour ou l'attention, ; des choses qui de base, ne sont pas fait pour être monnayées. Nous en parlerons dans la dernière partie de cette analyse.

La dernière influence, ce sont les incidences spécifiques. Il s'agit de nos propres expériences sur l'usage de l'argent. Avons-nous aussi cru que nous pouvons tout acheter ou tout obtenir avec de l'argent et nous l'avons fait ? Nous avons peut-être essayé de corrompre une fois, cela a marché. Voilà qu'une autre situation s'est présentée, nous avons tenté la même procédure et bingo, ça a marché. Alors ces expériences ont façonné nos croyances ou disant-le nos illusions. Dès que possible, nous sortons la même carte, c'est-à-dire l'argent ou tout autre moyen pour obtenir ce que nous voulons. Quand certains donnent leur vie à Jésus, nous sommes étonnés de constater que les gens agissent ou continuent d'agir comme ils ont été enseigné ou formaté. Cependant, ces choses si difficilement perceptibles passent inaperçues, cachées derrière de faux engagement, une fausse compréhension, voire une ignorance de la parole de Dieu. Il est difficile de déceler le mal quand ce mal est un bien pour les autres. C'est ce que nous vivons malheureusement dans nos sociétés. Le mal est considéré comme un bien et le bien comme le mal, aussi longtemps que l'équilibre social n'est pas dérangé. Ne dit-on pas que le malheur des uns fait le bonheur des autres ? Les plus aguerri profitent de l'ignorance ou de la fragilité des autres pour bâtir leurs empires. Cette musique nous l'entendons malheureusement quand nous sommes jeunes : Tout coûte et tout s'achète. L'attention ou l'amour peut être mis en vente. Des personnes peuvent l'acheter avec leur argent. Ainsi, on voit un homme acheter l'amour d'une femme qui de base ne l'aime pas. Il la comble de cadeaux dans le but d'obtenir son cœur. L'amour devient une marchandise que l'on peut se procurer au moyen de l'argent ou d'un service. C'est malheureusement la réalité que nous vivons dans le monde. Il faut dire que ce qu'on achète procure à l'acheteur une satisfaction personnelle. Celui vers qui on s'adresse pour acheter la chose, donc le vendeur, sa vie disant l'homme en lui-même ne nous intéresse pas, ce qui nous importe c'est l'objet que nous voulons en échange de quelques billets que nous donnons pour l'avoir. N'avez-vous pas remarquer, une fois votre objet en main, vous ne vous souvenez plus du vendeur ou de la caissière, ni de comment il s'était présenté à vous : Comment était la couleur de ses yeux, ses vêtements, encore moins les paroles que vous avez peut-être échangé ce jour-là ? Ce n'est pas votre préoccupation. Tout ce qui vous préoccupe, c'est l'objet ou le produit qui est maintenant entre vos mains. Ça vous a coûté, mais au final vous l'avez entre vos mains. Certains font l'apologie des choses qui les ont coûtées et la manière dont ils les ont acquis. Malheureusement, il faut souligner que nous avons été enseignés de telle manière qu'on peut tout acheter en dehors de la santé, de l'air que nous respirons. Nous sommes prêts à tout, à mettre des billets de banque sur la table de négociation, pour avoir un contrat d'affaire au détriment des autres concurrents. Tout s'achète, malheureusement c'est une réalité que nous ne pouvons plus ignorer. Les hommes sans le vouloir, sont victimes très tôt de ce syndrome. Le mal est entré dans les mœurs, les habitudes. On achète même le pouvoir. L'autre monnaie en ce qui concerne le pouvoir est le sang des innocents. Le sang est aussi considéré comme une monnaie d'échange pour avoir le pouvoir. On tue ou on élimine les autres pour régner. Toutefois, l'argent est engagé, quand il faut placer des personnes aux différents postes convoités. L'argent fait des rois. On achète aussi le pouvoir au prix de la trahison, des assassinats et autre. Il faut comprendre qu'on ne peut pas vivre, sans acheter. La vie s'organise autour de : la vente et l'achat, l'offre et la demande. L'argent s'impose dans les relations humaines. Cependant, nous allons maintenant voir que, nous avons tout intérêt à ce que notre esprit soit reconditionné, car on ne peut pas tout acheter.

# III

## *Combien coûte Dieu ?*

Nous comprenons que notre programme intérieur est la raison qui explique nos décisions, nos actions et nos résultats. Même si Adam Smith[12] dit que : chaque homme subsiste d'échanges et devient une espèce de marchand, et la société elle-même est proprement une société commerçante, Cependant, Dieu ne peut pas être placé sur un marché pour être vendu, au même titre que les produits et les services. Aujourd'hui, on présente Dieu ou les miracles comme un objet marchand qui peut s'échanger moyennant une certaine somme. On peut entendre des messages du genre : cinq cent euros ou mille euros pour un miracle de 24h ; les miracles sont marchandés. Sachez que même au prix fort, Dieu le CRÉATEUR de toutes choses, ne peut être ni vendu, ni acheté à prix d'argent. Non, ça ne sera JAMAIS le cas. Formaté par ce que nous avons entendu, vu et expérimenté, nous reproduisons la même chose. Nous remarquons que partout et en particulier dans les églises, on tente de nous vendre, un dieu. C'est un dieu (en minuscule) parce que vous comprenez que Dieu le CRÉATEUR

---

[12] Adam Smith, 17776 : Recherche sur la nature et les causes de la richesse des nations.

ne se vend pas et ne s'achète pas. Donc il s'agit des dieux que des personnes ont fabriqués eux-mêmes, pour les vendre comme des marchandises à tous ceux qui ont été formatés ou enseignés à tout acheter avec de l'argent. Nous pouvons entendre des messages du genre : Ici chez nous, vous pouvez acheter dieu moyennant quelques billets ; Car si vous l'achetez, votre vie va changer dans les 24h[13]. C'est à prendre ou à laisser. C'est du tic au tac. Le miracle se produit dès l'instant où vous achetez moyennant telle somme, notre dieu fera des merveilles dans votre vie et de façon rapide. Ils emploient des expressions pour justifier leur propos : celui qui sème, moissonne. C'est la loi des semailles et de la moisson. Les gens sont déjà malades à cause de ce qu'ils ont comme renseignement en eux. Ils se précipitent de tout faire, pour acquérir le dieu qui fait des miracles et des prodiges. Certains donnent jusqu'à se déplumer pour obtenir de ce dieu ce qu'ils désirent. Sans nous rendre compte, nous avons été introduit avec beaucoup de facilité dans un système à cause des renseignements que nous avions reçu dès notre jeunesse : Tout coûte et tout s'achète. On place au même titre que les objets

---

[13] Miracle sur 24h : Dieu, je t'offre ceci et dans 24h, tu me déposes un cadeau devant la porte de ma maison. Comme si Dieu était un garçon de courses, pour vous apporter ce que vous lui demandez à la suite d'une telle exigence.

marchands, le Dieu Tout-Puissant. Cependant, on constate que rien ne se produit. Un système commercial s'est mis en place que je nomme : "le système de Babel". L'histoire de la tour de Babel nous est relatée dans le livre de Genèse au chapitre onze. Un bref récit en neuf versets, des hommes qui ont repeuplé la terre après le déluge. La Bible dit que toute la terre n'avait qu'une seule langue et les mêmes mots. Cela veut dire qu'il n'y avait pas des Français, de Chinois, d'Anglais, des Congolais, etc. On dit que ces hommes partirent de l'Orient et trouvèrent une plaine au pays de Schinear et ils y habitèrent. C'est ici que commence le déploiement de leurs pensées qui se traduisent en actions. Ils se dirent l'un et l'autre : Allons faisons des briques, et cuisons-les au feu. Et la brique leur servit de pierre, et le bitume leur servit de ciment. Ils dirent encore : Allons ! Bâtissons-nous une ville et une tour dont le sommet touche au ciel, et faisons-nous un nom, afin que nous ne soyons pas dispersés sur la face de la terre. En fait, animés par un intérêt commun, ces hommes entreprennent par eux-mêmes, de bâtir une tour dont le sommet touche au ciel. Une belle initiative dans la forme, mais dans le fond, ce n'était pas bon aux yeux de Dieu. Car, ils ne l'ont pas associé, ni même rechercher son intérêt. Le but de leur œuvre était de forcer la main de Dieu, en le contraignant de ne pas les disperser sur la face de la terre. Une requête qui du reste est éloignée de sa volonté. C'est comme nous l'avons dit précédemment, nous avons en face de nous un acheteur et un vendeur. Celui qui achète a un intérêt majeur vis-à-vis de la chose qu'il veut avoir. Dès que la vente est réalisée, l'acheteur part tout content d'avoir atteint son but ou encore qu'il est heureux que le vendeur lui ait permis d'acquérir ce qu'il voulait. Le vendeur avait donc intérêt de garantir à l'acheteur, une certaine satisfaction. Une manière de dire que l'acheteur cherche avant tout que l'objet acheté lui plaise, même si le vendeur ne ressemble à rien, cela lui importe peu. Ce n'est pas le visage du vendeur ou quoi que ce soit le concernant qui intéresse l'acheteur. Il mise sur la satisfaction que va lui procurer le bien acheté. Malheureusement, c'est ce que nous retrouvons chez les peuples qui étaient en train de construire cette tour. Ils avaient un désir de bâtir un ouvrage qui touche le ciel. Ils ont voulu acheter Dieu à travers leur initiative, acheter la faveur de Dieu en ce qui concerne leur vœu de demeurer sur place, là où ils ont bâti la tour. Alors que Dieu avait dit à Noé : soyez féconds, multipliez et remplissez la terre[14]. Eux par contre, se sont dit : Offrons à Dieu cette tour pour

---

[14] Genèse 9 :1

qu'Il nous laisse rester à cet endroit. Ils sollicitent un échange sans se préoccuper si Dieu serait d'accord : Laisse-nous rester ici, en échange de cette tour si haute. C'est de cette manière si odieuse qu'ils ont voulu acheter Dieu. Quel ouvrage impressionnant ? Sa hauteur et les matériaux utilisés à cet effet, le confirment. Cependant, Dieu n'a pas vu d'un bon œil leur initiative, et Il les a dispersés. C'est souvent de cette manière que plusieurs d'entre nous, nous tombons dans le piège. Ces peuples ont voulu acheter Dieu en bâtissant cette tour. Qu'en est-il de nous ? En fait, certains de nos offrandes, nos actes ou engagements sont comme des tours de Babel. On se retrouve dans un système qui fonctionne sur l'achat et la vente des grâces, des faveurs, de la miséricorde, voire de l'onction. L'esprit de Babel est entré dans nos sociétés plus encore dans nos églises. Cet esprit est tellement subtil qu'on ne s'en aperçoit pas parce que des idées mensongères d'une part et d'autre part des versets bibliques couronnent ces faussetés. Dieu te bénira si tu fais une offrande de ce montant, disent ceux qui ne se rendent pas compte des dégâts que ce marchandage est en train de causer. Ta situation nécessite que tu fasses telle offrande et Dieu ne tardera pas à te répondre favorablement dans 24h voire 72h ; des promesses alléchantes. Les hommes de la tour de Babel avaient également cette espérance, que Dieu allait approuver leur initiative et réaliser leur vœu. Malheureusement, cela n'est pas arrivé comme ils le souhaitaient. Au contraire, Dieu ne les a approuvés, mais au contraire, il a confondu leurs langages. Ils ne pouvaient plus se comprendre. Plusieurs ont offert ou offrent des offrandes, en espérant que Dieu fasse ceci ou cela pour eux. Toutefois, ils ont attendu longtemps la réponse de Dieu, rien ne s'est produit. On leur a vendu un rêve, celui du Dieu instantané[15], qui approuve tout ce qu'on lui propose ; Il s'échange moyennant une offrande. On leur a laissé croire que Dieu se concède en échange d'une offrande. Seulement, on patiente et on attend encore, rien ne se produit. On commence à se plaindre, à se lamenter. Pourtant, on vous a pourtant dit qu'après avoir bâti cet ouvrage ou fait cette offrande, Dieu allait vous approuver. Mais vous remarquez que rien ne se produit. Un an, dix ans, vous remarquer qu'il n'y a aucun miracle. Erreur ! Vous vous êtes trompés, Dieu ne s'achète pas. Il n'est pas un objet pour être acheté ou vendu. Vous ne pouvez pas espérer vous le procurer au moyen des multiples offrandes. Il s'agit du CRÉATEUR des cieux et de la terre, ADONAÎ. Je répète encore : ON

---

[15] Loin de moi l'idée de dire que Dieu ne peut pas répondre dans les 24h, mais je fais allusion à la manière dont on essaie de nous présenter le miracle ou la faveur de Dieu.

N'ACHETE PAS DIEU. Je fais une offrande pour que Dieu me donne un enfant. Non, là encore je répète : ON N'ACHETE PAS DIEU. Examinons maintenant l'histoire du jeune riche dans la Bible, qui est venu voir Jésus pour lui demander ce qu'il devait faire pour hériter la vie éternelle.[16] Ce jeune connaissait les commandements de Dieu et il les appliquait dans sa vie. Mais Jésus lui dit qu'il te manque une seule chose : Va vends tout ce que tu as, donne-le aux pauvres, et tu auras un trésor dans le ciel. Puis viens, et suis-moi. Jésus a demandé à ce jeune, de vendre tout ce qu'il avait. Qu'avait-il que le pauvre n'avait pas ? Il avait les moyens de tout acheter que le pauvre ne dispose pas. Avec son argent, le riche croit tout acheter. Jésus voulait qu'il se débarrasse de ce qui fait sa force, sa pensée et qu'il donne le résultat (ses biens) à d'autres c'est-à-dire aux pauvres. De peur qu'en chemin, cette pensée ne joue contre lui. Mais aussi pour éviter que son argent soit le moteur de sa relation avec lui. Il lui demande de se débarrasser de quelque chose à laquelle il était très attaché. Sa pensée était liée à ce mode de vie. C'est pourquoi il lui demande de vendre tout ce qui fait sa force, puis de venir et de le suivre. Une façon de lui dire qu'il y a autre chose qui ne peut pas s'acheter avec l'argent,

---

[16] Marc 10 :17-27

c'est ce que Jésus était prêt à lui donner. Ce jeune homme voulait quelque chose qu'il croyait obtenir, soit avec l'argent ou soit au moyen de la discipline. Il était comme ceux qui obtiennent tout par l'argent ou par tout autre moyen. Quand on lui demande de se débarrasser de son argent, son être intérieur a été affecté ; son programme venait d'être victime d'un virus. Il a très vite réagi par l'affliction, la tristesse et le refus d'obéir à l'injonction de Jésus. Le nouveau programme que Jésus lui proposait, ne correspondait à ce que lui avait reçu. Il s'attendait à tout sauf à ce genre d'exigence. Le système de pensée du jeune riche était fixé sur des idées fausses concernant la vie éternelle. Avec ses biens ou la discipline, il croyait pouvoir acheter la vie éternelle. En lui adressant ces paroles, Jésus a voulu lui dire qu'il n'a pas besoin d'argent pour acheter la vie éternelle. Il est vrai que ce jeune riche avait déclaré respecter les commandements de Dieu, cependant, il ne le connaissait pas, encore moins l'histoire des hommes comme Abraham, Job, le roi Salomon, que Dieu avait enrichi à l'extrême. Son argent était tout pour lui et un ticket gagnant qui lui ouvrait des portes. Dès sa jeunesse, il avait observé les commandements de Dieu, aussi il avait enregistré des renseignements au sujet de l'argent qu'il n'était pas prêt à abandonner. Par ailleurs, il faut souligner que la mauvaise culture de l'argent corrompt des personnes qui, demain seront réfractaires à l'évangile, parce qu'on leur laisse croire que l'argent peut acheter Dieu : Sa grâce ou sa faveur. Le jeune riche n'avait pas compris le message de Jésus ; il n'avait pas besoin d'avoir recours à l'argent pour hériter la vie éternelle. Il devait suivre le CRÉATEUR, celui qui a créé toutes choses y compris de l'argent et de l'or que le jeune riche chérissait. Or, il ignorait que celui qui l'avait rendu riche était en face de lui. Malheureusement, il a préféré la richesse plus tôt que CELUI qui rend richesse. L'argent ne peut pas acheter la vie éternelle. Si c'était le cas, les pauvres n'y accéderont pas, elle ne serait réservée qu'aux riches. Les pauvres assistent dans les églises à ce spectacle qui les exclue d'office, parce qu'ils n'en pas en possession les montants qui sont exigés pour obtenir la faveur de Dieu. Le cœur meurtrit, ils se demandent : Est-ce que Dieu nous accordera sa grâce, car nous n'avons pas grand-chose à lui offrir, du moins ce qu'on demande ? Les pauvres ont pourtant foi en Dieu, mais leur plus grand regret est de n'avoir pas ce qui est demandé pour bénéficier de la faveur de Dieu ou du miracle. Or, il faut le dire l'offrande ne peut pas acheter Dieu. C'était mon cas, j'ai longtemps cru qu'à force de donner au point de me dépouiller que Dieu répondra par le feu comme au temps d'Elie. Ce n'est pas que Dieu n'agréé pas nos offrandes, mais souvent nous agissons de la mauvaise manière, comme le peuple qui a bâti la tour de Babel ou ce jeune riche. Derrière certaines de nos offrandes, se cachent souvent des intérêts qui ne correspondent pas au désir de Dieu. Nous lui forçons souvent la main, en le contraignant d'approuver nos actions. Si Dieu ne s'achète pas, alors que pouvons-nous faire ou qu'est-ce que Dieu attend de nous ? Ce jeune riche voulait une chose, avoir la vie éternelle, et il était prêt à payer. Cependant, il le voulait sur la base de procédés personnels qu'il était capable d'appliquer, c'est-à-dire matériel ou mental. Alors que Jésus lui a montré le meilleur procédé pour l'obtenir, celui qui consiste à donner sa VIE, donc son CŒUR. Il a préféré garder son cœur attaché à ses biens et choisir de renoncer à la vie éternelle parce qu'il ne pouvait ni l'acheter, ni l'obtenir au moyen de l'argent ou de la discipline. Toute jeune, j'avais été enseigné et formaté sur une relation père et fille qui n'avait rien à voir avec ce qu'elle doit être véritablement c'est à dire basée sur l'amour. Cependant, j'ai donc vite été enrôlée dans un système où il fallait donner pour plaire voire faire une chose pour plaire ou espérer recevoir. Je devais travailler pour avoir en retour de l'attention ou la considération. La monnaie d'échange était les notes ou encore les tâches ménagères à la maison. C'est vrai que les enfants doivent honorer leurs parents et effectuer ces tâches. Mais certains parents comme ce fut le cas chez nous, font des tâches une monnaie d'échange. C'est dommage, pourtant c'est comme ça que les choses se faisaient en réalité chez nous. Et j'ai été formatée à offrir, pour espérer avoir en retour soit l'amour ou la considération. Une fois que j'avais donné ma vie à Jésus, je n'ai pas été guérie de ces choses. Travailler, donner, faire tout pour acheter l'attention, l'amour c'est ce que je reproduisais dans ma relation avec Dieu. En fait, j'ai toujours cru que comme mon père biologique, Dieu attend qu'on lui offre une chose pour qu'en retour il nous offre ce que nous voulons ou lui demandons. A l'inverse, lorsqu'on ne lui offre rien, nous ne devons pas nous attendre à recevoir une chose de sa part. Donc, il fallait tout faire pour plaire à ce père et espérer obtenir de lui ce que l'on désire. Etant conditionné de cette manière, je recherchais la faveur, la distinction, l'attention, la bénédiction de Dieu, voire l'amour, comme avec mon père biologique. Tout faire pour plaire à Dieu comme on m'avait appris à le faire dès ma jeunesse. Tout naturellement, je n'ai fait qu'appliquer ces choses. J'ai donné au point de m'oublier moi-même, pour espérer recevoir ou voir Dieu agir en retour. Je donnais, mais aucune satisfaction quant à mes attentes. Mes comptes commençaient à se vider[17]. Par ailleurs, j'avais également une telle assurance[18] que beaucoup semer procure en retour une grande moisson. Malgré mes efforts et les initiatives entreprises de mon propre gré sans demander l'avis de Dieu, j'ai commencé à tout perdre, même les économies que j'avais mises de côté pour des projets. Le but derrière tout ça, était d'obtenir à tout prix la faveur de Dieu, car c'est de cette manière que j'avais appris dès ma jeunesse. Cette façon de faire était devenue une véritable croyance. Tout coûte avais-je appris et j'avais ce qu'il fallait pour l'acheter. Je déposais des sommes énormes à l'autel de Dieu, mais comme je suis en train de dire, avec une mauvaise pensée enregistrée dès ma jeunesse. Tout ce que j'avais épargné tant d'années, à commencer à s'effriter, sans aucune entrée sinon que de multiples sorties d'argent. J'imaginais aussi que c'est de cette façon que j'obtiendrai la faveur de Dieu pour sortir ma famille de la pauvreté. Acheter la faveur de Dieu, avec tout ce que j'avais entre mes mains. Parlant un peu du service ou des activités ecclésiastiques. En fait, je servais Dieu comme j'avais appris à servir mon père biologique dès ma jeunesse c'est-à-dire faire tout

_____

[17] Aucune de discipline financière.
[18] Une assurance fondée sur des mauvais sentiments.

pour mériter son attention. Je n'ai fait que reproduire ce que j'avais vu et expérimenté dans ma famille. Je voyais dans le service, un moyen d'obtenir l'attention de Dieu, afin que ce dernier me donne ce que je désirais. Mes intentions dans le service n'étaient pas bonnes. On sert Dieu par amour et non pas par intérêt personnel. Il faut faire cette nuance, car souvent l'intérêt prime sur l'amour. Sur ce point, je vous en conjure de faire attention, à la manière dont vous servez Dieu, votre zèle peut cacher un intérêt personnel et non une détermination à accomplir la volonté de Dieu pour votre vie. Examinez les motivations avec lesquelles vous servez[19] Dieu. Je voudrais insister sur le fait que nous reproduisons souvent ce que nous avons entendu, vu et expérimenté. La maison familiale où j'ai passé mon enfance, était très vaste, et il y avait une grande cour. Tous les matins, avant que mon père ne se lève et nous donne de quoi acheter du pain pour le petit déjeuner, il fallait qu'il trouve à son réveil, la cour nettoyée, les fleurs arrosées et autres tâches déjà réalisées. Ce n'est que comme cela que nous espérions avoir notre petit déjeuner. Vraiment, je voudrais que vous me compreniez bien sur ces éléments que je tente de vous partager. Les tâches

---

[19] Le Pasteur Mohamed Sanogo a déclaré que servir Dieu est le meilleur métier au monde.

ménagères ne sont pas un mal en soi, bien au contraire, il faut apprendre à nos enfants à les faire. Mais j'insiste sur le fait que certains parents en ont fait une monnaie d'échange dans leur foyer. Je donne mon propre témoigne en disant que ces tâches ont été comme une monnaie d'échange chez nous. A cause de tout ce vécu, j'ai donc toujours cru qu'il fallait tout faire pour mériter l'amour d'un père ou son attention. L'amour de Dieu à mon égard se résumait juste au sacrifice de Jésus. Pour moi la grâce se limitait à ce qu'il avait fait pour nous, en nous mourant à la croix, mais en dehors de ça, je dois tout faire pour mériter quoi que ce soit que je désire. A cause de ce que j'avais vécu dans ma jeunesse, la grâce était à mon sens plutôt méritoire. J'ai commencé comme je le dis, à tout donné, afin d'attirer le regard de Dieu sur moi. J'étais habituée à travailler, à ramener des bonnes notes, et entendre mon père dire ceci à mes frères et mes sœurs : Prenez exemple sur votre sœur qui travaille bien. C'est comme ça que j'ai vécu ma vie et une fois en Christ, ma vie était aussi rythmée à la recherche des compliments, des éloges. Par ailleurs, tout réussissait à cet enfant que j'étais, les études, et j'avais en retour les appréciations de mes parents, des enseignants. J'avais connu très peu d'échec pendant ma scolarité. Et arrivé à un certain moment de ma vie, Dieu a commencé à m'envoyer des signaux ; mais je ne comprenais pas. Je poursuivais dans cette voie. Aussi, les choses semblaient aller de temps en temps. Quelques moments de réjouissance, mais tant que j'avais de quoi continuer à acheter Dieu, avec l'argent, la discipline, le service, je n'étais pas inquiète. Quelques années avant que je connaisse un véritable crash financier, je me suis lancée dans une affaire, qui a mal tourné. Toutes mes économies ont fondu dans cette affaire. Malgré tout, Cela ne m'avait pas énormément bousculé, parce que j'avais encore un bâton sur lequel je m'appuyais. J'ai poursuivi ma route. Donner sans compter, sans me préoccuper de ma famille, des lendemains ; parce que disais-je que Dieu mérite plus. Et je méprisais ceux qui apportaient des pièces ou se plaignaient quand on leur demandait d'apporter des offrandes. L'orgueil est entré en moi, mais personne ne pouvait s'en apercevoir. Car je ne le montrais pas, j'étais fière de donner d'énormes sommes d'argent. Dieu est grand me répétais-je souvent, et il mérite des grandes offrandes. Les comptes se fondaient peu à peu, je l'avais remarqué, mais tant que j'avais encore ce bâton, je me disais que je pouvais continuer à acheter Dieu. Je suis rentrée dans une vitesse de croisière sans précédent de dépenses et d'offrandes sans instruction, mais animé par le sentiment du mérite. Je me disais au fond de moi, que si un jour Dieu répond, ce sera certainement à cause d'une des grosses offrandes que j'avais faites. J'espérais et j'attendais la réponse de Dieu. Entre temps, moi à qui tout réussissait à l'époque, j'ai commencé à essuyer des échecs. J'ai dû passer huit fois le test du code de la route. Ensuite le permis de conduire, je l'ai eu au bout de deux essais. Tout ça c'était des signaux que Dieu m'envoyait pour me dire que j'étais connectée à un mauvais programme. Malgré tout, je ne percevais pas ces signaux. J'ai entrepris de chercher du travail dans mon domaine, en abandonnant les petits jobs que je faisais auparavant qui n'avaient aucun rapport avec la formation que j'avais suivi. J'ai été embauché quelque part, cependant cette première expérience s'est soldée par un échec. J'ai dû abandonner en cours de route. J'ai continué à offrir dans l'espoir que Dieu m'ouvre une autre porte. Je venais en aide à tous ceux qui me demandaient de l'aide, avec mon idée en tête, ACHETER DIEU à tout prix. Je cherchais toutes les occasions possibles, pour provoquer la faveur de Dieu. Je vous épargne les détails, mais c'était des actes de folie que je faisais, comme à l'image de la tour de Babel avec un intérêt égoïste. Malgré tout, rien ne se produisait. Un autre signal, les gens autour de moi obtenaient ce qu'ils n'avaient pas mérité ; comme un travail auquel ils ne s'attendaient pas. Dieu a commencé à élever sous mes yeux des personnes sans diplôme à la base et sans qualification et les placer à des postes élevés dès leur entrée en service. J'écoutais leur témoignage avec un pincement dans le cœur, et je rentrais à la maison dire à Dieu : Comment tu pouvais me faire ça, alors que moi j'avais beaucoup fait jusqu'à présent. Ensuite, je me reprenais après avoir versé d'abondantes larmes devant Dieu, pendant plusieurs jours. Après ce deuil je revenais à ce que j'avais appris à faire et j'offrais encore plus d'offrandes. J'ai offert en plus, tout ce que j'ai gagné comme redevance de mes droits d'auteur, avec l'espoir que Dieu veuille m'exaucer et me donner ce que je lui demande. Le panier circule toujours, dit-on, mais jusque-là, j'avais constaté qu'il ne s'était pas arrêter chez moi. Je fonçais la tête dans mes comptes et je prenais les quelques euros qui me restaient pour continuer mes achats. Quand j'ai constaté que le débit de l'eau du robinet avait baissé, j'ai commencé à me rendre compte que la faveur de Dieu n'arrivait toujours pas. Comme avec les Babelais. Permettez-moi de les nommer ainsi, pour parler de ceux qui ont bâti la tour de Babel, j'espérais que Dieu me donnera en retour ce que je voulais. Non, je l'ai attendu en vain ; j'ai plutôt commencé à vivre une descente dans les abîmes de la douleur. Je ne savais plus quoi penser de Dieu : Etait-il injuste au point de me priver de ses bénédictions ? Tous les soirs, je pleurai comme un bébé, en repassant devant mes yeux tout ce que j'avais fait et qu'en retour j'espérais que Dieu réagisse, mais il n'avait rien fait jusqu'à présent. Entre temps, la plupart des réponses que je recevais concernant les demandes d'emplois, étaient négatives. En voici un exemplaire :

*Bonjour Madame*

*Nous vous remercions de la confiance que vous nous avez témoignée en vous proposant votre collaboration. Malheureusement, votre dossier ne correspond pas aux exigences du poste à pouvoir. Néanmoins, nous conservons votre candidature, afin de vous contacter dans les meilleurs délais dès la prochaine opportunité.*
*Service Recrutement*

Je m'étais tellement habituée à lire ce genre de courriers, si bien qu'en lisant la première phrase je savais déjà que ma candidature n'avait pas été retenue. Je cherchais vite du regard le mot, « malheureusement » ; et je poussais un soupire en disant : Dieu, pourquoi permets-tu ça ? Je voyais les gens autour de moi, rayonnant malgré leurs problèmes. Ma situation allait de mal en pire ; j'ai commencé à me sentir mal ; des personnes que j'avais aidé à obtenir telle ou telle chose, se sont mises à afficher un comportement réprouvé. Je disais à Dieu comment j'ai aidé ces personnes au point de me déplumer, mais je récolte une ingratitude. Cette situation a commencé à me ranger au-dedans de moi. J'accusais Dieu de m'avoir abandonné et de garder le silence, malgré mes multiples supplications. Je commençais à ressentir et à voir ma misère. Je n'avais plus de quoi offrir à Dieu, car le dernier bâton est tombé lui aussi. Je n'avais plus rien, pour continuer à ACHETER Dieu. Avec quoi pouvais-je encore acheter sa faveur ? Je n'avais plus un sou, et plus encore, pas de travail. Auparavant, je trouvais facilement le travail, mais les portes de l'emploi me semblaient à présent, difficile d'accès. Je passais des nuits en larmes, je me réveillais en larmes. Je ne comprenais pas ce qui se passait et pourquoi je vivais tout ça. C'est au moment où je demandais à Dieu, pourquoi le panier qui circule ne s'arrête pas chez moi, c'est alors qu'une fraîche pensée a été déposée dans mon cœur, sous la forme d'un questionnement ci-après : Combien coûte Dieu ? J'ai vu ma vie défiler un instant. Tout ce que j'avais pu faire pour attirer le regard de Dieu. Pendant, tout ce temps, j'avais cherché par tous les moyens d'ACHETER DIEU, à travers les offrandes, le service et autre. Je me suis alors demandée si la grâce est imméritée ou méritée ?

Tous ces efforts que j'avais fourni avec une idée en tête celle d'obliger Dieu à me bénir, n'en valaient pas la peine. Je ne savais pas qu'on ne peut pas acheter Dieu ; rien, ni dans les cieux, ni sur la terre, ne peut l'égaler. La grâce n'a pas de prix. On ne peut pas l'évaluer monétairement. Ceux à qui Dieu fait grâce peuvent témoigner qu'ils n'ont pas payé ; cependant Dieu les a pris du néant pour faire d'eux ce qu'ils sont devenus. Pendant que j'étais en train de vouloir acheter Dieu, Il attendait que je lui donne simplement mon CŒUR. Il n'a pas tant besoin des offrandes, mais c'est de nous dont il a le plus besoin, notre cœur. Il est l'auteur de la GRACE (IMMÉRITÉE). Je suis venue à lui avec mon argent, alors qu'il voulait mon cœur. Je suis venue à lui avec mes requêtes, il voulait mon cœur. Je suis venue à lui avec mon service, il voulait mon cœur. Je suis venue à lui avec le sentiment de faire plus que les autres, il voulait mon cœur. Dès ma jeunesse, j'ai appris à donner, à tout faire, pour mériter quelque chose. Il a fallu que je me retrouve au bas de l'échelle, plus d'argent pour acheter Dieu, que j'ai réalisé que mes efforts n'en valaient pas la peine, mais que TOUT EST GRÂCE, comme a chanté le Docteur Athoms MBUMA[20]. Partant de cette expérience, j'ai compris

---

[20] Athoms MBUMA : Docteur en Théologie et chantre de l'Eternel, au sein de l'église Philadelphie Cité d'Exaucement.

qu'aucune chose que nous pouvons faire ici sur cette terre peut être mise sur la même balance que la GRÂCE. La grâce est comme un grand fleuve. Dieu nous y a déjà précédé et nous demande d'avancer sans crainte, même si nous ne savons pas nager[21]. Il nous aidera dès l'instant où nous serons entrés dans l'eau. Cependant, plusieurs comme ce fut mon cas, nous disons à Dieu : Attend que je prenne telle ou telle chose avec moi et je viendrai à toi. Ensuite, nous avançons une autre raison : Je ne sais pas nager, attends que j'aille d'abord apprendre à nager. Dieu dit vient, plonge, lâche-toi. Nous disons, non ce n'est pas possible, il me faut un bateau, pour te rejoindre, laisse-moi le trouver et je viendrai à toi. La grâce ne tient pas compte de nos aptitudes à nager ou pas. Dieu ne nous laissera pas couler au fond de l'eau, lui-même nous soutient afin de ne pas faire naufrage. Aussi, personne ne peut faire naufrage dans les eaux de la grâce. Ce sont des eaux qui ne peuvent que nous faire du bien. Le FLEUVE qu'on appelle la GRÂCE accueille tous ceux que Dieu choisit. Les forts comme les faibles, les pauvres comme les riches, peuvent s'y baigner. Tout dépend du propriétaire, qui en ouvre

---

[21] Même si vous n'avez aucun diplôme, aucune expérience, vous êtes nés dans une famille pauvre, vous êtes le plus jeune de votre famille ; la grâce ne tient pas compte de toutes ces choses. Elle est au-delà des considérations humaines.

l'accès à qui il veut. Il est dit dans le livre de Daniel que son règne est au-dessus du règne des hommes et il fait grâce à qui il veut.

La grâce a été bien exprimée par le prophète Esaïe :

*Vous tous qui avez soif, venez aux eaux, même celui qui n'a pas d'argent ! Venez, achetez et mangez. Venez, achetez du vin et du lait, sans argent, sans rien payez*[22].

Nous savons tous que pour acheter, il faut avoir de l'argent, mais Dieu nous invite à venir acheter et manger SANS ARGENT. Celui qui n'a pas d'argent, pas de diplôme, pas d'expérience, Dieu est prêt à lui offrir de quoi boire et manger. Il me l'a démontré lorsqu'il bénissait des personnes autour de moi. Pendant, ce temps, moi j'étais omnibulée à chercher à acheter la grâce de Dieu selon les méthodes que j'avais appris. Aujourd'hui, Dieu m'a permis de comprendre qu'on ne peut pas l'acheter. C'est lui qui vient à nous et nous n'avons pas besoin de nous dépouiller pour obtenir quoi que ce soit de lui. Par contre, ce qu'il veut par-dessus TOUT, c'est notre CŒUR. Après cela, je déclare comme Job : Mon

---

[22] Esaïe 55 :1

oreille avait entendu parler de toi, mais maintenant mon œil t'a vu[23]. C'est avec un cœur repentant que je suis revenue à Dieu, en lui demandant de me traiter selon sa miséricorde. Je prie qu'il le fasse aussi pour toutes les personnes qui vont se retrouver à travers ces écrits. Transforme-nous et renouvelle notre pensée afin que nous puissions discerner quelle est ta volonté pour nos vies.

Voilà pourquoi, il est dit dans :

Romains 12 : 1-2

*Je vous exhorte donc, frères par les compassions de Dieu, à offrir vos corps comme sacrifice vivant, saint, agréable à Dieu, ce qui sera de votre part un culte raisonnable. Ne vous conformez pas au siècle présent, mais soyez transformés par le renouvellement de l'intelligence, afin que vous discerniez quelle est la volonté de Dieu, ce qui est bon, agréable et parfait.*

Enfin, les offrandes ou les libéralités ne sont pas un mal en soi, bien au contraire, elles sont l'expression de notre adoration et notre reconnaissance envers

---

[23] Job 42 :5

Dieu. Cependant, le plus important, partant de mon expérience se trouve dans ce verset : OFFRE TON CORPS comme UN SACRIFICE VIVANT, SAINT, AGRÉABLE A DIEU. Dieu VEUT notre CŒUR d'abord, avant TOUT LE RESTE. Car plusieurs pensent qu'à force d'offrir ou le fait d'exercer un ministère[24], le cœur rempli des désirs égoïstes, loin de Dieu, ils obtiendront malgré tout, la faveur de Dieu. C'est une énorme erreur d'agir de la sorte et de faire le ministère avec de telles intentions. Vous finirez par être déçue et aigrit. Ne donnez pas également en ayant de telles motivations. Ne servez pas Dieu avec de telles intentions. Dieu sait de quoi nous avons réellement besoin.

---

[24] Faire attention que le ministère ou autre chose ne devienne une monnaie en échange de la faveur de Dieu.

# DE LA MÊME AUTRICE

**Les organisations paysannes en République du Congo** : Emergence et signification des dynamiques organisationnelles dans le secteur agricole en zones périurbaines et rurales, Edition Connaissances et Savoirs, 2016, 598 pages.

**Les tueurs de visions** : Quand la vision meurt sur les genoux, Editions Books on Demand, 2021, 154 pages.

**A mon ami Tom** : Ce que je n'ai pas pu te dire, c'est que la différence est une identité universelle, Edition Books on Demand, 2021, 112 pages.

**Comment vivre sa jeunesse dans un monde qui bouge** : 21 secrets pour réussir la traversée de cet âge d'or, Edition Books on Demand, 2022, 138 pages.

**Les voix d'autorité** : Une clé pour le développement de l'Afrique, Edition Books on Demand, 2022, 81 pages.

# NOTES PERSONNELLES

Édition : BoD - Books on Demand, info@bod.fr
Impression : BoD - Books on Demand, In de
Tarpen 42, Norderstedt (Allemagne)
Impression à la demande
ISBN : 978-2-3224-8151-4
Dépôt légal : juin 2023